## NOTICE NÉCROLOGIQUE

SUR LE

# COMTE PAUL DE DEMIDOFF,

Ancien Chambellan de S. M. l'Empereur de Russie, ancien Membre du Comité des Invalides,
ancien Gouverneur civil de Koursk, ancien Conseiller d'État,
ancien Veneur de S. M. Impériale, décoré de plusieurs Ordres russes & étrangers.

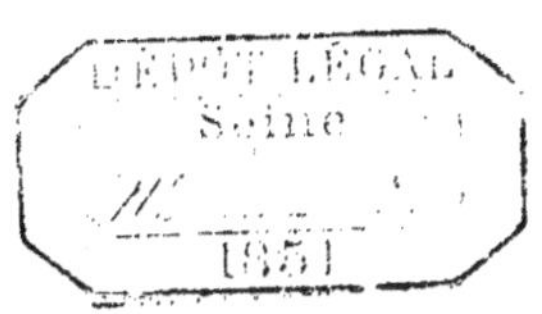

Imp. Godard à Paris.

[illegible]

Né à Saint Pétersbourg le 18 [illegible]

Mort à Mayence le 25 Avril 184[illegible]

*Le Nécrologe Universel du XIX^e Siècle*

# NOTICE NÉCROLOGIQUE

SUR LE

# COMTE PAUL DE DEMIDOFF,

Ancien Chambellan de S. M. l'Empereur de Russie,

Ancien membre du Comité des Invalides,

Ancien Gouverneur civil de Koursk, ancien Conseiller d'État, ancien Veneur de S. M. Impériale,

DÉCORÉ DE PLUSIEURS ORDRES RUSSES ET ÉTRANGERS.

EXTRAIT DU NÉCROLOGE UNIVERSEL DU XIXe SIÈCLE,

Annales Nécrologiques & Biographiques des Notabilités contemporaines de France et de l'Étranger,

ADMINISTRATION DU MUSÉE BIOGRAPHIQUE,

Boulevard du Temple, 30, à Paris.

E. SAINT-MAURICE CABANY, RÉDACTEUR EN CHEF.

1851

# NOTICE NÉCROLOGIQUE

SUR LE

# COMTE PAUL DE DEMIDOFF,

Ancien Chambellan de S. M. l'Empereur de Russie,

Ancien Membre du Comité des Invalides, ancien Gouverneur civil de Koursk ancien Conseiller d'État, ancien Veneur de S. M. Impériale,

DÉCORÉ DE PLUSIEURS ORDRES RUSSES ET ÉTRANGERS.

SORTIE, il y a un peu plus d'un siècle, d'une obscure origine, la famille de Demidoff s'est placée au rang des plus célèbres par d'éminents services rendus à sa patrie, par les grandes richesses que l'exploitation des mines de l'Oural a accumulées dans son sein, et par le noble usage qu'en firent plusieurs de ses membres, à qui la Russie doit diverses fondations importantes d'utilité publique.

Cédant à l'impulsion d'un sentiment de patriotisme admirable, le czar Pierre-le-Grand avait parcouru les nations civilisées, sous les vêtements d'un simple travailleur. Étudiant par ses mains impériales les arts et les métiers dont il voulait surprendre les secrets pour en doter plus sûrement son pays, il avait naguère quitté la hache du charpentier pour prendre l'épée du général en chef.

Le czar n'était pas encore le glorieux monarque dont l'histoire admire les persévérants et nobles efforts qui ont introduit les bienfaits de la civilisation au sein de l'empire russe; mais il suivait sans relâche la voie qui devait le conduire un jour aux magnifiques résultats qui ont rendu son nom impérissable.

Le prince se préparait à une lutte décisive contre Charles XII, le héros de la Suède. Toutes les routes étaient encombrées de chariots et de caissons, transportant aux frontières le matériel de l'armée, et il surveillait lui-même le départ et la marche de ces importants convois. Un événement imprévu le contraignit un jour de s'arrêter dans la paroisse de Toula, chef-lieu du gouvernement de ce nom.

Voyageant à cheval et bien armé, Pierre s'aperçut que la batterie d'un de ses pistolets, armes fort belles et de fabrication anglaise, s'était faussée, et ne pouvait plus servir.

L'industrie, sans doute, grâce à l'impulsion qu'elle avait reçu du souverain, avait déjà fait de rapides progrès en Russie. Mais les manufactures d'armes étaient encore au berceau et ne suffisaient pas même à la grossière fabrication de l'armement des troupes. Aussi l'illustre voyageur, vivement contrarié de cet accident, auquel il ne voyait d'autre remède que celui de renvoyer ses armes à la fabrique anglaise d'où elles sortaient, envisageait-il avec douleur combien était grande encore l'infériorité de l'industrie russe. Un des officiers du czar, témoin de son dépit, proposa de faire venir un ouvrier de Toula, dont on vantait l'habileté.

Après avoir examiné le précieux pistolet, cet homme, qui se disait maître expert dans sa partie, se fit fort de remettre l'arme en état. Partagé entre la crainte de voir ses armes compromises par la maladresse de l'ouvrier et le plaisir que lui faisait éprouver l'habileté présumée de l'artiste, l'empereur lui remit le pistolet, en accompagnant cet acte de confiance de grandes recommandations, et de menaces sévères en cas de non-succès.

L'armurier était réellement habile. Au bout de quelques jours, il rapporta au prince le pistolet, si bien réparé, que les traces de l'accident ne pouvaient plus s'apercevoir. Pierre examina le travail en connaisseur, essaya son arme, en compara minutieusement tous les détails avec celle qui lui était restée, et très satisfait, ordonna que l'on recompensât généreusement l'artiste.

Mais l'artiste plongea le monarque dans une profonde stupéfaction, quand il tira de sa poche le pistolet anglais détérioré, et prouva ainsi, que le premier n'en était que l'imitation accomplie.

Il se trouvait donc en Russie un homme capable de fabriquer des armes aussi parfaites que celles des manufactures anglaises ! Pierre considéra l'œuvre qu'il avait sous les yeux, comme la plus brillante conquête. Il conversa avec l'armurier ; découvrit aisément ses hautes capacités, et le chargea de fondre les canons qui devaient créer une artillerie dans les armées russes.

Dès lors, il s'établit une sorte d'intimité entre l'habile artisan et le monarque, et l'intelligence réellement extraordinaire de cet armurier devint précieuse à l'empereur.

Ce forgeron, cet homme de talent, qui s'appelait **Demide** ou **Demidoff**, devint la souche de l'illustre famille de ce nom.

Pendant tout le temps que dura la guerre de la Russie contre la Suède, c'est-à-dire pendant vingt ans, Demide fournit à Pierre-le-Grand une immense quantité de fusils au prix de roubles 1,80, au lieu de 12 et 15 roubles qu'exigeaient les autres fournisseurs ; il livra également les boulets et autres projectiles à raison de 12 copeks par pouce, moitié du prix payé antérieurement par le gouvernement. Il fondit tous les canons pour l'artillerie, et ses pièces furent employées avec un grand succès contre les Suédois, dont l'armée en était à peu près dépourvue. Ce fut sous sa direction que fut établie à Néviansk (district d'Iékatherinenbourg), le

23 avril 1699, la première fonderie de fer de toute la Sibérie, où cette industrie est aujourd'hui si florissante. L'empereur l'avait nommé commissaire impérial de cette fonderie, et il fut si satisfait de la gestion de Demide et des magnifiques résultats obtenus, qu'en 1702, il lui fit don de l'usine avec toutes ses dépendances.

Cet établissement servit de modèle à tous ceux qui s'élevèrent bientôt dans l'Oural et le gouvernement de Perm, où ils ne tardèrent pas à y créer d'immenses richesses.

Pierre correspondait constamment avec son favori. Le czar lui écrivait de Kizliar : « Je suis arrivé dans un pays où la récolte est en feu, et j'ignore si Dieu nous permettra de nous revoir ; c'est pourquoi je t'envoie mon portrait ; il te rappellera ma personne. Fonds le plus possible de boulets, et cherche du minerai d'argent, comme tu me l'as promis. »

Ayant eu connaissance d'anciens travaux entrepris en Sibérie, sur l'Irtysch et l'Obi supérieur, pour exploiter l'or, l'argent et le cuivre de l'Altaï, Demide fit explorer ces contrées par des mineurs allemands, et en vertu d'une autorisation du Collége impérial des mines, en date de 1726, il établit une fonderie d'abord sur la montagne de Kolyvan, puis, un peu plus tard, sur celle de Pitchowa. Les mines de Néviansk et de Nijé-Taguilsk, dont il obtint par la suite l'importante exploitation, concoururent puissamment à décupler cette fortune déjà si considérable. Mais les mines d'or et d'argent furent ensuite réclamées par l'État, qui ne laissa à Demide que celles de cuivre et de fer, plus que suffisantes encore pour enrichir à jamais ses descendants.

Lorsque Demide commença ses exploitations, la Sibérie était complétement sauvage. Grâce à son influence, ce pays reçut les premières étincelles de la science, de l'industrie et de la civilisation. Lui et ses enfants doivent être considérés comme les véritables bienfaiteurs de la Sibérie.

Demide fut secondé dans ses travaux par son fils unique Nikita, dont les vastes connaissances et le zèle infatigable concoururent aux résultats qui ont placé si haut sa famille, et qui reçut de la reconnaissance de son souverain des lettres de noblesse.

Nikita Ier eut trois fils : Akinfi, Grégoire et Nikita II. L'histoire n'a conservé d'eux aucun souvenir, si ce n'est de Grégoire, qui fut le fondateur de l'Académie d'Yaroslaw, encore florissante de nos jours.

Devenu chef de la famille, Akinfi-Nikititch Demidoff (1), marcha sur les traces de son père, et devint plus particulièrement encore le père de la métallurgie russe. Le gouvernement récompensa ses efforts en lui conférant le titre honorifique de conseiller d'État. Il eut pour héritiers de son nom Nikita III, Grégoire II et Procope.

Nikita-Akinfiévitch Demidoff, succéda à son père dans ses vastes possessions, et, dès l'année 1744, il put annoncer au gouvernement, qu'il avait obtenu 25 pouds et 18 zolotniks d'argent sur 233 pouds de minerai.

A l'illustration des richesses et des grands services rendus dans l'industrie, vint bientôt se join-

(1) Akinfi ou Iakinf est en russe l'équivalent de Hyacinthe ; Nikititch signifie fils de Nikita ou Nicétas, d'après l'usage des Russes de joindre un nom patronymique au leur propre.

dre pour la famille Demidoff, celle des hautes fonctions dans l'État. Vassili Demidoff fut nommé, en 1741, secrétaire en chef du Sénat, fonctions auxquelles il dut le titre de conseiller d'État, et Iwan Demidoff, avança, en 1764, dans la marine jusqu'au grade de contre-amiral. Nikita Demidoff devint conseiller privé et chambellan de l'empereur. Il se distingua par son amour pour les sciences. On lui doit quelques opuscules sur la balance du commerce, sur la théorie des capitaux, et sur quelques questions d'économie politique et privée, opuscules rédigés en français, et publiés en 1826 et 1827 à Saint-Pétersbourg ou à Moscou.

Procope-Akinfiévitch Demidoff, le plus jeune des fils d'Akinfi, né à Moscou en 1730, et dont l'existence se prolongea jusqu'à la fin du siècle, fut celui de tous les héritiers de Demide qui montra la plus vaste intelligence ; ami des lettres, il contribua surtout aux progrès de l'instruction publique. Il obtint de l'impératrice Anne des subventions considérables en terre et en serfs, pour favoriser l'exploitation des mines de fer, de cuivre et d'or du revers oriental de la chaîne de l'Oural, barrière naturelle entre la Sibérie et la Russie.

Procope conduisit cette exploitation avec tant de talent qu'il devint, suivant les historiens de l'époque, le plus riche particulier de l'empire. Il fonda en 1772, à Moscou, une École de commerce, destinée à offrir une instruction complète aux fils des marchands russes. En 1800, cet établissement fut transféré à Saint-Pétersbourg, où il a été compris au nombre de ceux auxquels l'impératrice Marie Fœdorovna, vouait avec tant de zèle ses soins particuliers. Philanthrope par système , Procope Demidoff fonda, en outre, d'utiles institutions de bienfaisance. Il paraît cependant que les immenses travaux et les grands succès qu'obtint cet homme remarquable, ne profitèrent qu'incomplétement à sa famille. Les chroniqueurs de la Cour des impératrices Anne et Catherine I^re^, font mention de plusieurs traits de bizarrerie qui témoignent du caractère difficile de Procope Demidoff, et il paraît qu'il n'étendait pas jusqu'aux siens le dévoûment louable qu'il manifestait pour ses semblables en général ; car, vers la fin de sa vie, il dénatura la plus grande partie de sa fortune, dont il frustra ses fils qui servaient dans le régiment des gardes de l'impératrice. Il ne nous est pas permis de juger une telle conduite, dont on ignore la cause. Cette branche de la famille

Demidoff n'en est pas moins restée dans une honorable position, quoique beaucoup moins opulente qu'elle ne l'eût été sans cette demi-exhérédation.

Paul-Grigoriévitch Demidoff, né à Revel en 1738, mort à Saint-Pétersbourg en 1826, fit dans sa jeunesse de grands voyages dans toutes les parties de l'Europe, les utilisant surtout pour étudier l'art du mineur à Freiberg, dans l'Erzgebirge, et pour entendre Linnée dans sa chaire de l'Université d'Upsal. Les sciences naturelles formèrent son étude favorite. Afin de s'y livrer avec plus d'avantages dans l'intérêt surtout de ses vastes exploitations, il forma dans sa maison de la Slobode allemande, à Moscou, un riche cabinet d'histoire naturelle auquel, entre autres, celui de la comédienne Clairon servit de base, et il convertit les dépendances de cette maison en un jardin botanique, aujourd'hui détruit, mais riche alors en plantes et en arbres exotiques, car les diverses espèces de bois formaient sa spécialité. L'Université de Moscou reçut de lui, en don, la majeure partie du cabinet, et Paul Grigoriévitch y fonda aussi une chaire pour sa science de prédilection. La ville de Yaroslaw lui doit le Lycée Demidoff, fondé en 1803, sous le nom d'Athénée ou d'École des Hautes Sciences, et qui occupe dans l'instruction publique un rang inférieur seulement aux Universités. Au moment de sa mort, ce patriote russe, membre de toutes les principales Sociétés savantes de l'empire, était chevalier de plusieurs Ordres nationaux et étrangers, conseiller privé, etc. L'empereur avait fait frapper en son honneur une médaille, dont on peut voir le dessin dans le *Catalogue systématique des livres de la Bibliothèque de Paul Demidoff*, etc., arrangé suivant son système bibliographique, disposé et mis en ordre par lui-même, et publié par le célèbre naturaliste Fischer, à Moscou, 1806 ; in-4°.

Nicolas Nikitich, comte de Demidoff, fils de Nikita, troisième du nom, premier-né d'Akinfi, et père des comtes Paul et Anatole de Demidoff, naquit au château de Tcherkovitz, près de Saint-Pétersbourg, le 3 novembre 1774.

Voué, dès sa plus tendre jeunesse, à la carrière militaire, Nicolas de Demidoff fit, avant l'âge de quinze ans, ses premières armes dans les gardes impériales ; puis, en 1789, c'est-à-dire au moment où il entrait à peine dans sa seizième année, il fut nommé aide-de-camp du prince Potemkin, et fit, sous la direction de ce général, deux brillantes campagnes contre les Turcs. Un avancement rapide fut, pour le jeune officier, le prix de sa valeur personnelle; en 1792, il était déjà colonel d'un régiment des grenadiers de Moscou, et, en 1794, l'impératrice Catherine le nomma gentilhomme de sa chambre, haute distinction qu'on n'accorde en Russie qu'aux représentants des plus nobles familles, parmi lesquelles le mariage de Nicolas de Demidoff avec une baronne de l'illustre maison de Strogonoff avait achevé de le classer.

Rentré dans la vie civile après son mariage, Nicolas de Demidoff fut investi par l'empereur Paul I^er^ de la dignité de chambellan, reçut les insignes de commandeur de l'Ordre de Malte, et bientôt après, entra au département du Commerce en qualité de conseiller privé, titre qui équivaut encore aujourd'hui, en Russie, à celui de lieutenant-général. Il faut considérer l'existence de cet homme remarquable, qui fit tourner au profit de l'humanité tout entière les immenses moyens que la fortune avait mis à sa disposition, sous les nombreux aspects qu'a su lui donner la plus prodigieuse activité.

Voici de quelle manière M. Durosoir apprécie le comte Nicolas de Demidoff, dans la *Biographie universelle,* publiée par M. Michaud.

« Du moment où le comte Nicolas de Demidoff quitta le service militaire, il put se livrer tout entier à l'étude, aux sciences et aux voyages, dans un but utile à l'humanité et glorieux pour sa patrie ; il parcourut l'Allemagne, l'Italie, la France, l'Angleterre, et visita toutes les mines des différentes contrées. Les connaissances industrielles qu'il acquit dans ses voyages, lui inspirèrent l'idée de former des sujets et de les envoyer en Russie pour y pratiquer et propager les arts utiles. Il fit venir de Steinbach (Franconie) un grand nombre de mineurs et de forgerons qu'il se mit en état de diriger lui-même. Il fit partir de ses forges de l'Oural un ouvrier intelligent, et l'envoya en Styrie, pour qu'il y apprît à fabriquer les faux que les Russes tiraient auparavant d'Allemagne et d'Angleterre. Il fit instruire de même à l'étranger d'autres ouvriers de ses domaines, dans l'art de peindre et de vernir sur la tôle. Le premier d'ailleurs, en Russie, il a établi des laminoirs pour étendre en tôle le fer, qu'auparavant on travaillait au marteau. En se bornant à établir dans ses propriétés des fabriques en ce genre, il eût créé à son profit un monopole qui lui aurait procuré des bénéfices immenses ; loin de là, songeant surtout à faire de ses compatriotes une population industrieuse, il autorisa tous les Russes à venir s'instruire dans ses ateliers, ou à envoyer des ouvriers qui pussent devenir capables d'établir des usines semblables aux siennes. Ainsi, par sa persévérance et par les immenses sacrifices qu'il ne craignit pas de faire, il éleva dans sa patrie l'exploitation des mines au degré de perfection qu'elle a atteint de nos jours. Il eut en outre le bonheur de voir doubler entre ses mains la fortune paternelle ; de sorte que son revenu s'élevait à cinq millions.

« En 1812, l'invasion de la Russie par Napoléon vint arracher Demidoff à ses paisibles occupations. On le vit alors former et équiper à ses frais un régiment, à la tête duquel il rendit des services importants à la journée de Borodino. Malgré sa mauvaise santé et les rigueurs de la saison qui se faisaient sentir cruellement, même aux Russes, il ne quitta l'armée que lorsque les Français eurent entièrement évacué le territoire moscovite. Nicolas Demidoff, qui avait sauvé de l'incendie de Moscou sa magnifique collection de minéraux, de coquillages, d'animaux empaillés, etc., en fit présent à cette ville, dont l'Université le nomma un de ses membres honoraires. Il lui restait encore une fort belle galerie de tableaux et un riche cabinet de curiosités qu'il augmentait chaque jour.

« En 1813, il contribua, à Saint-Pétersbourg, à la construction de quatre ponts de fer coulé, à l'instar de celui d'Austerlitz, à Paris; toutes les pièces en étaient sorties des usines de ce grand industriel.

« A Paris, où il résida pendant plusieurs années après les événements de 1815, il s'était lié avec les artistes et les gens de lettres, et sa maison était le rendez-vous de ce qu'il y avait de plus distingué. Tous les mois il faisait distribuer deux mille francs aux pauvres et aux orphelins des douze arrondissements. Sa santé lui fit une obligation d'habiter l'Italie pendant les dernières années de sa vie. A la distance de mille lieues de ses immenses domaines, qu'il n'avait pas revus depuis vingt-cinq ans, il les administrait cependant par lui-même et dans le plus grand détail. Ne désirant que la prospérité de ses vassaux, il avait fondé pour eux une Académie de peinture, de sculpture et d'architecture. Il enrichit et dota cet établissement des empreintes en plâtre de tous les modèles qui sont au Vatican.

« La colonie agricole qu'il avait fondée en Tauride, se composait de tous les éléments qui peuvent répandre le bien-être et l'industrie dans un pays. Des vignerons français y cultivaient des vignes exportées de la Champagne et du Bordelais. Il y avait fait transporter une pépinière d'oliviers de Lucques et de Gênes ; douze mille mérinos d'Espagne et des chèvres du Thibet ; un haras de chevaux anglais, arabes, persans, etc. C'était de Florence qu'il donnait l'impulsion à cette colonie. Dans cette capitale de l'Étrurie, il menait un train de prince. Sa maison était composée de plus de cent personnes largement rétribuées, et auxquellles il légua des pensions après sa mort. Il réunissait chez lui la plus haute société, et il avait établi un théâtre où l'on jouait surtout le vaudeville et l'opéra-comique français. Ses abondantes aumônes avaient, pour ainsi dire, fait disparaître la misère de Florence. Il est mort en 1828. »

Le comte Nicolas Nikitich de Demidoff, de son

mariage avec la baronne Élisabeth Strogonoff, morte à Paris, et dont on voit au cimetière du Père La Chaise le somptueux mausolée, a eu deux fils :

1° Le comte Paul-Nicolaïevitch de Demidoff, à la mémoire duquel cet article est spécialement consacré ; et, 2° le comte Anatole-Nicolaïevitch de Demidoff.

Né à Saint-Pétersbourg, le 6/18 août 1798, le jeune Paul de Demidoff acheva dans l'établissement des jésuites, à Saint-Pétersbourg, une éducation commencée en France au Lycée Napoléon.

Les événements de 1812 l'appelèrent, à l'âge de quatorze ans, dans la carrière des armes, qu'il suivit jusqu'en 1826. A cette époque, il entra dans l'administration civile, fut nommé successivement chambellan de S. M. l'Empereur, membre du Comité des Invalides, et fut promu, en 1831, au rang de gouverneur civil de Koursk.

Il remplissait ces hautes fonctions, lorsque survint la funeste invasion du choléra. L'irruption de ce fléau fournit au comte Paul de Demidoff l'occasion de montrer tout ce que son cœur renfermait de générosité et de dévoûment. Au péril de sa vie, portant nuit et jour des secours aux malheureux atteints de cette terrible maladie, répandant ses bienfaits sur ceux que la mort privait d'un appui, Paul de Demidoff trouva sa plus douce récompense dans la reconnaissance de ses administrés, qui lui présentèrent une adresse écrite en lettres d'or, adresse qui, du consentement de S. M. l'Empereur de Russie, est déposée à Koursk, dans l'hôtel du Gouvernement.

Honoré des témoignages les plus flatteurs de la bienveillance de son souverain, décoré de plusieurs Ordres russes et étrangers, le comte Paul de Demidoff, devenu conseiller d'État actuel, et nommé à la charge de veneur de S. M. l'empereur Nicolas, rentra dans la vie privée en 1836.

Bientôt après, il épousa à Helsingfors, mademoiselle Aurore de Stjernwall, demoiselle d'honneur de S. M. l'Impératrice, et, en 1837, la fortune mit le comble à ses faveurs, en lui accordant un fils.

Malheureusement cette félicité complète ne devait

pas être de longue durée. Forcé, en 1837, de quitter la Russie pour rétablir sa santé délabrée, le comte Paul de Demidoff termina à Mayence, le 24 mars (5 avril) 1840, une existence trop tôt moissonnée.

Fidèle aux traditions de sa famille, Paul de Demidoff a ajouté aux nombreux bienfaits émanés de ses ancêtres, en reversant sur son pays une large part de l'opulence qu'il lui devait.

En 1830, il dota l'hôtel des Invalides d'une somme de 625,000 R[s] ass., et cette même année, il assigna à l'Académie des sciences de Saint-Pétersbourg une somme annuelle de 25,000 R[s] ass., destinée à être distribuée, en prix, aux meilleurs ouvrages publiés dans l'année, et à être affectée à l'impression des manuscrits couronnés par l'Académie. Cette dotation, au moyen de laquelle il voulait, dans son patriotisme éclairé, contribuer puissamment au progrès des sciences et des lettres, Paul de Demidoff ne s'est pas contenté de la fournir pendant la durée de son existence, car il en a assuré la délivrance et la continuation durant vingt-cinq années après sa mort.

En 1834, il consacra une magnifique propriété située près de Moscou, à l'établissement d'une institution de bienfaisance.

En 1837, il forma un capital de 500,000 R[s] ass., pour des recherches de sables aurifères, dont le produit était destiné à améliorer le sort des exilés en Sibérie.

En 1839, de concert avec son frère le comte Anatole de Demidoff, digne aussi de porter un nom qui restera cher aux malheureux, il prit à sa charge moitié d'une somme de 100,000 R[s] offerts à l'administration de l'hospice des enfants.

C'est en grande partie à l'active coopération de Paul de Demidoff que le gouvernement de Koursk doit la navigabilité de la Seim, rivière restée avant lui presque inutile, et qui, aujourd'hui, rend d'immenses services au pays qu'elle arrose.

Les bornes de cette notice ne nous permettent pas de poursuivre une énumération qu'il serait facile de rendre plus longue, en faisant un appel à la reconnaissance de tous ceux que les bienfaits de

Paul de Demidoff ont su trouver et soulager. Artistes, employés, serviteurs malheureux, tous ont eu part à une libéralité qui ne s'est jamais démentie, et qui sera le premier titre de Paul de Demidoff au souvenir de la postérité.

En 1828, à la mort de son père, Paul de Demidoff avait pris la gestion de son immense fortune, dont la masse d'exploitations et de produits devait naturellement se diviser en deux parts, dont l'une était afférente à son jeune frère Anatole.

La moitié de ces immenses revenus, dont la somme annuelle peut s'évaluer à quatre millions de francs, provient des mines de Nijé-Taguilsk, sources de la fortune de cette opulente famille ; elles sont disséminées sur une étendue moyenne de trente à quarante lieues de France, sur les deux versants de l'Oural, dans le gouvernement de Perm. Cette vaste propriété contient des mines de fer et de cuivre, des lavages d'or et de platine, et est exploitée sans relâche par une population de vingt-huit mille travailleurs. Ce petit État est gouverné avec un ordre, avec une intelligence méthodique et mesurée, qui pourraient servir de modèle à plus d'une administration de nos contrées, si fières du perfectionnement de leur centralisation gouvernementale. On y rencontre des villes florissantes, des églises, des hôpitaux, de grands établissements d'instruction publique, et des usines, véritables musées industriels, où sont réunis tous les chefs-d'œuvre de la mécanique, tous les procédés les plus ingénieux, toutes les conquêtes faites par la science au profit de l'industrie dans le monde entier.

Une légion d'employés de toute nature, trouve dans cette administration une existence heureuse, dont le travail est la base, mais qui est à l'abri de toutes les petites appréhensions qui rongent ordinairement la vie des bureaucrates de tous les pays; car les services rendus à la famille Demidoff, sont des droits sacrés à la sollicitude de ses représentants.

Le comte Paul de Demidoff administrait par lui-même les innombrables détails de ses propriétés. Il tenait dans ses mains les diverses ramifications d'une administration, dont le personnel comprend une myriade d'employés; il surveillait avec un soin minutieux et paternel les avancements et les mutations qui survenaient dans cette multitude d'agents, dont un grand nombre vivent dans une position aisée et même opulente.

Quoiqu'il fût parfaitement secondé dans son administration supérieure, par des hommes spéciaux, dont les lumières et le zèle ne laissaient rien à désirer, la part de fatigues qui revenait au chef suprême de cet empire industriel, composait un véritable fardeau, qu'il acceptait cependant sans murmurer, et avec une exemplaire assiduité, comme les résultats d'un contrat de famille.

Regardant comme un devoir sacré de conserver intacts, pour les transmettre à ses descendants, les grands biens qu'avaient su amasser ses aïeuls, le comte Paul de Demidoff considérait comme un point d'honneur d'y ajouter une portion qui pût représenter la trace de son existence.

Le comte Anatole de Demidoff, le plus jeune des deux fils de Nicolas de Demidoff, né à Moscou, le 24 mars 1813, est aujourd'hui le seul représentant, avec son jeune neveu dont il a pris la tutelle, de cette noble et respectable lignée d'hommes savants et utiles, et soutient dignement le fardeau de cette antique renommée. En héritant des richesses de leur vénérable père, les deux frères avaient recueilli en même temps un legs tout aussi précieux, le goût de l'étude, l'amour des arts et le dévoûment à la cause de l'humanité. Comme son frère aîné, le comte Anatole déploya son instinct de bienfaisance, en fondant à Saint-Pétersbourg, en 1832, dans un immense hôtel dont il fit l'acquisition dans ce but, un établissement dont les vastes et ingénieuses proportions seraient dignes de servir de modèle à toutes les institutions de charité. Connu dans toute la Russie sous le nom de Maison de bienfaisance Demidoff, cet établissement est divisé en cinq sections : la première se compose de quarante femmes de naissance noble ; la seconde, de quarante femmes de condition inférieure ; la troisième est un pensionnat composé de cent cinquante jeunes filles indigentes, qui restent dans la maison jusqu'à l'âge de seize ans, et y reçoivent une éducation proportionnée aux besoins de leur avenir. La quatrième section, qui compte plusieurs succursales dans la ville, distribue annuellement deux cent mille repas aux pauvres familles de la capitale. La cinquième section, enfin, renferme une salle d'asile pour l'enfance, qui reçoit cent cinquante enfants.

M. Anatole de Demidoff ne borne pas ses bienfaits à cette magnifique institution ; il fait constamment élever à ses frais, dans divers instituts de la Russie, dix ou douze demoiselles de condition noble, et dont l'éducation est aussi distinguée que celle des enfants des meilleures familles.

A Florence, où M. Anatole de Demidoff possède de vastes propriétés, il a fondé également un établissement de bienfaisance en faveur des enfants de la classe pauvre. A Paris, une personne pieuse et d'une condition élevée, est chargée par lui de distribuer aux familles pauvres de la capitale, des secours aussi nombreux et aussi considérables que ceux dont la répartition est faite à Saint-Pétersbourg. Il entretient dans les meilleures institutions de Paris, une douzaine de jeunes gens qui reçoivent une large et complète instruction.

A l'époque où le choléra sévissait avec fureur à Saint-Pétersbourg, M. de Demidoff se hâta d'accourir à son poste. Il établit à ses frais un hôpital dans la ville, et tant que dura l'affreuse maladie, il ne cessa de prodiguer ses soins aux malades, risquant sa propre vie, sans plus redouter le danger que le plus pauvre des infirmiers qui le secondaient.

Les sommes dépensées par cet homme généreux en bonnes œuvres de toute nature, ainsi qu'en récompenses et encouragements, depuis 1828, sont énormes.

M. de Demidoff a établi, en 1836, près de Florence (Toscane), dans une magnifique villa qui lui appartient, une importante manufacture de soie. Il appela, à grand frais, des hommes spéciaux de tous les pays où l'industrie de la soie a reçu les plus beaux développements, et il concentra sur ce seul point les lumières les plus brillantes de la science. Le résultat de ce magnifique essai fut naturellement la propagation des meilleures méthodes pour l'éducation des vers, l'application des procédés de fabrication les plus parfaits, et par suite l'excellence et la supériorité incontestable des produits.

Le comte de Demidoff, après la mort de son frère, a pris la gestion personnelle des mines de Nijé-Taguilsk, tant dans son intérêt particulier que dans celui de son neveu mineur.

En 1837, une question importante s'agitait dans les contrées du Nord. On parlait avec enthousiasme de gisements considérables de charbons de terre qui existaient dans la Russie méridionale, entre le Don et le Donetz, et on se préoccupait naturellement de l'influence inouïe qu'une telle découverte devait exercer sur l'industrie future dans le pays. M. le comte Anatole de Demidoff résolut de vérifier les faits par lui-même. Il organisa une Commission de recherches, composée d'ingénieurs et de sondeurs, sous la direction de M. Leplay, savant ingénieur du corps des mines de France. Il envoya dans ces provinces éloignées neuf appareils complets de sondage, et les travaux d'observation s'y sont suivis pendant deux années.

En même temps, une autre Commission, sous les ordres de M. Anatole de Demidoff lui-même, secondé par M. de Sainson, parcourut tout le littoral de la mer Noire, la Crimée et la presqu'île de Taman, pour y recueillir des notes historiques et statistiques, et pour étudier les différentes richesses du sol. M. Huot fut chargé de la géologie ; M. Léveillé s'occupa des observations minérales et de la botanique ; M. Rousseau, jeune naturaliste, attaché au Jardin des Plantes de Paris, et M. Nordman, savant professeur du Lycée d'Odessa, réunirent en commun d'importantes collections zoologiques.

Les résultats scientifiques et industriels de cette magnifique campagne furent immenses, et toute l'Europe savante ne tarda pas à s'en occuper. Un admirable album de dessins, exécutés d'après nature, par le peintre Raffet, ajouta aux richesses de la publication qui s'est composée de quatre volumes de texte, de quatre-vingts planches pittoresques, et de quatre-vingts autres d'histoire naturelle. L'exécution de l'ouvrage est au-dessus de tout éloge. La dépense faite par M. le comte Anatole de Demidoff, pour sa double expédition et pour la publication des livres, a atteint le chiffre énorme de cinq cent mille francs.

La science est le goût dominant de M. de Demidoff; il se tient au courant des progrès qu'elle fait dans tous les pays, et parfois il y contribue avec un remarquable bonheur. Pendant son séjour à Paris, qu'il a habité longtemps, il assistait régulièrement aux séances de l'Institut national de France, et il communique périodiquement à cette savante Compagnie, les résultats des observations minéralogiques, qui sont suivies trois fois par jour dans deux observatoires qu'il a établis sur ses propriétés. Il a doté l'Académie des sciences de précieux ouvrages chinois sur l'astronomie, et il a enrichi la Société des géographes, dont il a été l'un des vice-présidents, d'une riche collection de cartes russes, anciennes et modernes.

Les collections de tableaux, d'objets précieux et d'histoire naturelle qui appartiennent à M. de Demidoff, font l'admiration des connaisseurs. On retrouve dans ses belles galeries les plus beaux produits de l'École moderne française et hollandaise.

Membre de l'Académie des Beaux-Arts de Saint-Pétersbourg, de la Société de Géographie de Paris, et de presque toutes les Sociétés académiques d'Italie. M. de Demidoff est honoré de l'estime personnelle de plusieurs monarques qui, considérant en lui l'homme de la science, l'ami des arts et le bienfaiteur des populations, se sont plu à le combler des témoignages de leur bienveillance. Il est commandeur des Ordres de Saint-Wladimir et de Sainte-

Anne, en Russie, grand' croix de l'Ordre de Saint-Joseph, en Toscane, décoré des plus beaux Ordres de Prusse, de Bavière et d'autres royaumes encore. Il a été nommé, en 1837, par le grand-duc de Toscane, comte de san Donato, et, en 1840, il a été créé prince par le même souverain.

Le comte Anatole de Demidoff, depuis la mort de son frère Paul, a pris la gestion personnelle et la direction générale des mines de Nijé-Taguilsk, ainsi que des nombreuses mines qui en dépendent. De Florence, où il habite ordinairement, et bien loin par conséquent des lieux d'exploitation, il dirige avec la plus rare habileté tous les détails de cette difficile administration, tant dans son intérêt particulier que dans celui de son neveu mineur.

Tels ont été jusqu'à cette époque les divers membres de l'illustre famille de Demidoff; tel a été le noble usage qu'ils ont fait jusqu'à ce jour des métaux utiles ou précieux qu'ils arrachent aux entrailles de la terre, pour les fondre ensuite dans leurs nombreuses usines de l'Oural. Après la riche famille Zabakine, propriétaire actuelle des établissements de Néviansk, les Demidoff possèdent les plus riches lavages d'or, et leur fer de Nijé-Taguilsk est le meilleur que l'on ait en Russie. Heureuse famille qui tient entre ses mains tous les moyens de faire le bien, et qui, marchant sur les traces de ses ancêtres, n'emploie ses immenses trésors que pour augmenter le bien-être de l'humanité tout entière!

E. SAINT-MAURICE CABANY.

Paris. — Typ. de Mme Smith, rue Fontaine-au-Roi, 18.

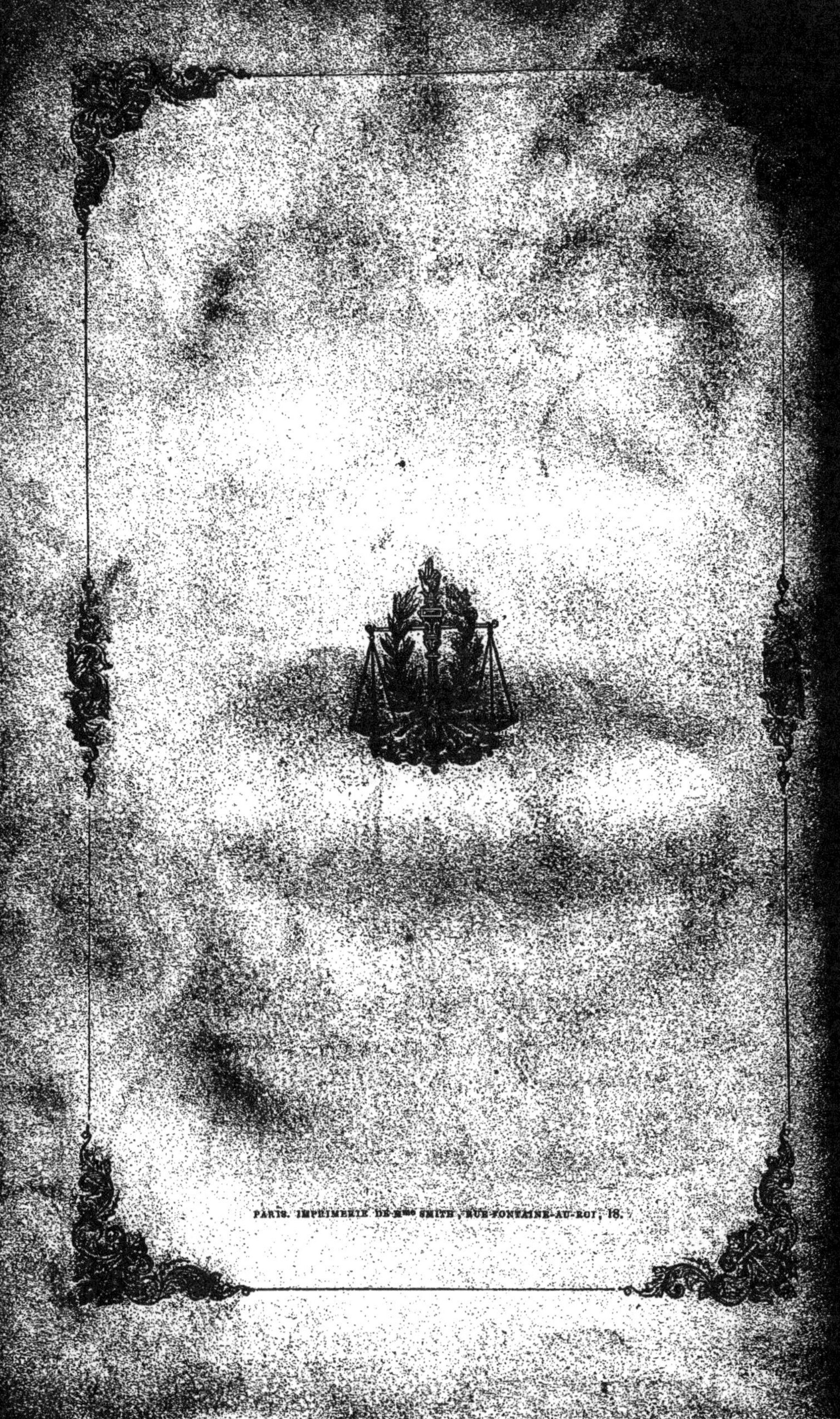
PARIS. IMPRIMERIE DE Mme SMITH, RUE FONTAINE-AU-ROI, 18.

www.ingramcontent.com/pod-product-compliance
Lightning Source LLC
LaVergne TN
LVHW012020160826
845678LV00002B/944

* 9 7 8 2 3 2 9 6 5 5 1 0 9 *